J'ADORE ME BROSSER LES DENTS
I LOVE TO BRUSH MY TEETH

Shelley Admont

Illustré par Sonal Goyal et Sumit Sakhuja

www.kidkiddos.com
Copyright©2014 by S.A.Publishing ©2017 by KidKiddos Books Ltd.
support@kidkiddos.com

All rights reserved. No part of this book may be reproduced in any form or by any electronic or mechanical means, including information storage and retrieval systems, without written permission from the publisher or author, except in the case of a reviewer, who may quote brief passages embodied in critical articles or in a review.
Tous droits réservés. Aucune reproduction de cet ouvrage, même partielle, quelque soit le procédé, impression, photocopie, microfilm ou autre, n'est autorisée sans la permission écrite de l'éditeur.

Second edition, 2019

Translated from English by Sophie Troff
Traduit de l'anglais par Sophie Troff
French editing by Ginette Bedard
Révision en français par Ginette Bedard

Library and Archives Canada Cataloguing in Publication
I Love to Brush My Teeth (French English Bilingual Edition)/ Shelley Admont
ISBN: 978-1-77268-216-8 paperback
ISBN: 978-1-77268-587-9 hardcover
ISBN: 978-1-77268-215-1 eBook

Please note that the French and English versions of the story have been written to be as close as possible. However, in some cases they differ in order to accommodate nuances and fluidity of each language.
Although the author and the publisher have made every effort to ensure the accuracy and completeness of information contained in this book, we assume no responsibility for errors, inaccuracies, omission, inconsistency, or consequences from such information.

Pour ceux que j'aime le plus-S.A.
For those I love the most-S.A.

Au petit matin, le soleil brillait sur la forêt lointaine. Là-bas, dans une petite maison, vivait le lapin Jimmy, avec ses parents et ses deux grands frères.

Morning came and the sun was shining in the faraway forest. There, in a small house, lived little bunny Jimmy, with his parents and two older brothers.

Maman entra dans la chambre que Jimmy partageait avec ses frères.

Mom came into the room that Jimmy shared with his brothers.

Elle embrassa d'abord le frère aîné, qui dormait paisiblement dans son lit bleu. Puis, elle embrassa le frère cadet. Il dormait encore, dans son lit vert.

First she kissed the oldest brother, who slept peacefully in his blue bed. Next she gave a kiss to the middle brother. He was still sleeping in his green bed.

J'ADORE ME BROSSER LES DENTS
I LOVE TO BRUSH MY TEETH

Français - English

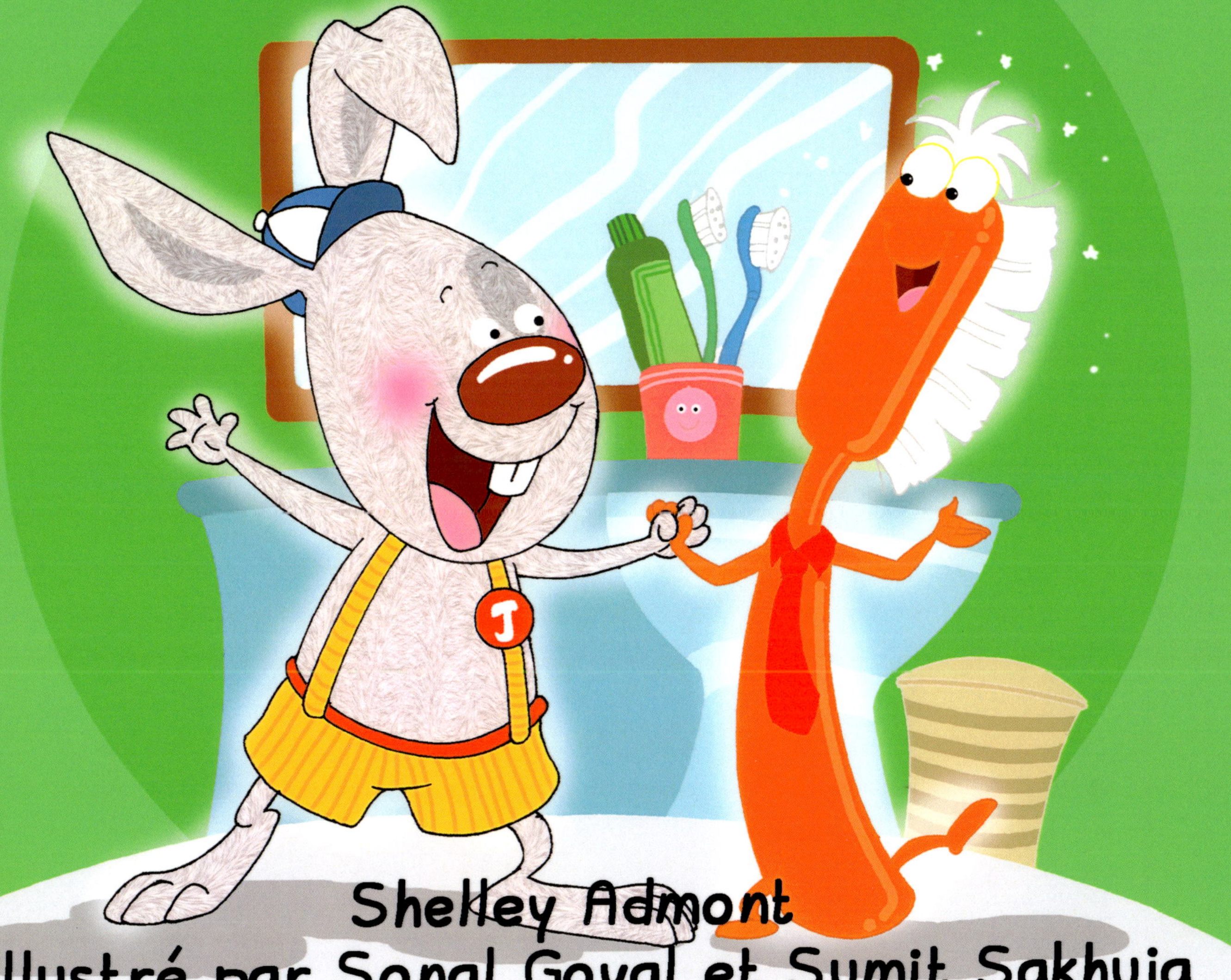

Shelley Admont

Illustré par Sonal Goyal et Sumit Sakhuja

Enfin, maman se dirigea vers le lit orange de Jimmy et lui donna un baiser.

Finally, Mom went to Jimmy's orange bed, and gave him a kiss.

*– Bonjour, les enfants, dit maman.
C'est l'heure de se lever.*

"Good morning, children," said Mom.
"It's time to rise."

Au saut du lit, le frère aîné se rendit dans la salle de bain.

Getting out of bed, the oldest brother made his way to the bathroom.

– Waouh, s'exclama-t-il. J'ai une brosse à dents toute neuve ! Elle est bleue, ma couleur préférée. Merci, maman.
Il entreprit de se brosser les dents.

"Wow!" he shouted, "I have a brand-new toothbrush! It's blue, my favorite color. Thank you, Mom." He started to brush his teeth.

Le frère cadet le rejoignit.
– J'ai une nouvelle brosse à dents aussi, et la mienne est verte ! s'exclama-t-il en se brossant les dents également.

The middle brother followed him. "I have a new toothbrush as well, and mine's green!" he exclaimed and also began to brush his teeth.

Jimmy se leva du lit et marcha en traînant les pieds vers la salle de bain. *Pourquoi me brosser les dents ?* pensa-t-il. *Mes dents sont très bien comme elles sont.*

Jimmy got out of bed and walked slowly towards the bathroom. *Why even bother brushing my teeth?* he thought. *My teeth are fine as they are.*

– Regarde, Jimmy, dit son frère aîné, tu as une nouvelle brosse à dents toi aussi. Elle est orange comme ton lit.

"Look, Jimmy," said his oldest brother, "you have a new toothbrush too. It's orange like your bed."

– J'ai une nouvelle brosse à dents, et alors ?
Jimmy se tenait devant le miroir, mais il ne se brossait toujours pas les dents.

"So I have a new toothbrush, big deal." Jimmy stood in front of the mirror, but he still didn't start brushing his teeth.

– Les enfants, dépêchez-vous ! Le petit déjeuner est prêt, les appela la douce voix de leur mère. Tout le monde a fini de se brosser les dents ?

"Kids, hurry up! Breakfast is almost ready," they heard their mother's soft voice. "Has everyone finished brushing their teeth?"

– J'ai fini, répondit le frère aîné en sortant en courant de la salle de bain.

"I've finished," answered the oldest brother and ran out of the bathroom.

– Moi aussi, répondit le frère cadet.
Il courut rejoindre son frère dans la cuisine.

"Me too," replied the middle brother. He ran after his brother to the kitchen.

– Maman, j'ai fini de me brosser les dents aussi, cria Jimmy.
Il allait sortir de la salle de bain lorsqu'il entendit une voix.

"Mom, I finished brushing my teeth too," shouted Jimmy. He was just about to leave the bathroom, when he heard a voice.

– Ce n'est pas bien de mentir, dit la voix. Tu ne t'es pas brossé les dents.

"It's not nice to lie," the voice said. "You didn't brush your teeth."

– *Qui a dit ça ? demanda Jimmy en regardant autour de lui avec embarras.*

"Who said that?" asked Jimmy as he looked around in confusion.

Sa nouvelle brosse à dents orange, debout sur le lavabo, fronça les sourcils. Il n'arrivait pas en croire ses yeux... ni ses oreilles !

Frowning at him was his new orange toothbrush, standing on the counter. He just couldn't believe his eyes...or his ears!

– *Une brosse à dents ne peut pas parler, dit-il d'une voix stupéfaite.*

"A toothbrush can't talk," he said in a stunned voice.

– Bien sûr que si. Je suis une brosse à dents magique, dit fièrement la brosse à dents. Ma tâche consiste à m'assurer que TOUT LE MONDE se brosse les dents.

"I sure can. I'm a magical toothbrush," said the toothbrush proudly. "My job is to make sure EVERYONE brushes his teeth."

Jimmy se mit à rire.
– Je ne me suis pas brossé les dents, et il ne m'est rien arrivé.

Jimmy laughed in response. "I didn't brush my teeth and nothing bad happened to me."

– Regarde-toi, dit la brosse. Tes dents sont jaunes et ton haleine sent mauvais.

"Look at yourself," the brush said. "Your teeth are yellow and your breath smells terrible."

– Ce n'est pas vrai, la brosse. Tu viens juste de l'inventer !
Jimmy prit la brosse à dents et la jeta au loin dans un coin de la salle de bain.

"That's not true, brush. You're just making it up!"
Jimmy took the toothbrush and threw it far into the corner of the bathroom.

Puis il se précipita dans la cuisine pour prendre son petit déjeuner.
Then he ran into the kitchen to have his breakfast.

– Ce n'est pas une façon de me traiter, s'écria la brosse à dents. Je suis une brosse à dents magique. Je vais te prouver à quel point je suis importante !

"That's no way to treat me," shouted the toothbrush. "I'm a magical toothbrush. I'll prove how important I am!"

À cet instant, Jimmy était déjà assis à côté de ses frères dans la cuisine.

By this time, Jimmy was already sitting down next to his brothers in the kitchen.

Il prit un sandwich et le porta à sa bouche. Mais le sandwich s'échappa des mains de Jimmy et sauta dans l'assiette de son frère aîné.

He took a sandwich and brought it to his mouth. But then the sandwich jumped out of Jimmy's hands right onto the plate of his oldest brother.

Au lieu du sandwich, Jimmy s'était mordu les doigts — fort !

Instead of the sandwich, Jimmy had bitten his fingers — hard!

– À qui appartient ce sandwich ? demanda son frère.

"Who does this sandwich belong to?" the brother asked.

– Mon sandwich s'est enfui, répondit Jimmy. Il est à moi !

"My sandwich ran away from me," answered Jimmy. "It's mine!"

– Quelle imagination, mon chéri. Comment un sandwich peut-il s'enfuir ? dit sa mère.

"Quite an imagination you have, sweetie. How can a sandwich run away?" his mother said.

– *Je ne sais pas comment, mais c'est vraiment ce qui est arrivé, dit Jimmy.*

"I don't know how, but that's really what happened," said Jimmy.

Alors, maman lui donna une grande assiette remplie de salade.
– Tiens, tu préféreras peut-être manger une délicieuse salade de crudités à la place, dit-elle.

Then, Mom gave him a big plate full of salad. "Here, perhaps you would like to eat a delicious vegetable salad instead," she said.

– Miam, j'adore les salades de crudités, dit Jimmy en s'apprêtant à manger.
Soudain, l'assiette de salade bondit et atterrit sur la table devant son frère cadet.

"Yummy, I love vegetable salad," said Jimmy, about to start eating. Suddenly, the salad plate leaped up and settled down on the table near his middle brother.

– Regarde, dit le frère cadet, comment ton assiette est-elle arrivée ici ?

"Look," said the middle brother, "how did your plate get over here?"

– Tu avais raison, mon chéri ! Ta nourriture s'enfuit loin de toi ! dit leur maman, étonnée. C'est étrange.
"You were right, honey! Your food is running away from you!" said their astonished mom. "That's strange."

– Maman, j'ai trop faim. Qu'est-ce que je peux manger ? demanda Jimmy.
"Mom, I'm getting hungry already. What can I eat?" said Jimmy.

Maman réfléchit quelques instants.
– Que dirais-tu de ton gâteau préféré aux carottes ? Je vais t'en donner une grosse part.
Mom thought for a moment. "How about your favorite carrot cake? I'll give you a big slice."

– Oh oui, du gâteau aux carottes ! J'aime trop ça, s'écria joyeusement Jimmy. Merci, maman.
"Oh yes, carrot cake! I love it so much," Jimmy shouted happily, "Thanks, Mom."

Cependant, avant que Jimmy puisse prendre le gâteau, il se mit à flotter dans les airs. Il vola à travers le salon et se posa sur le sofa.

However, before Jimmy could take the cake, it began to float in the air. It flew into the living room and settled on the couch.

Jimmy sauta de sa chaise et se mit à poursuivre la part de gâteau.

Jimmy hopped out of his chair and started chasing the piece of cake.

Il bondit sur le sofa, mais le gâteau fonça vers la table. Jimmy se précipita vers la table, mais alors le gâteau s'enfuit de la maison. Jimmy lui courut après.

He jumped on the sofa, but the cake zoomed back to the table. Jimmy ran back to the table and then the cake flew out of the house. Jimmy rushed after it.

Le gâteau fit le tour de la maison, suivi de loin par Jimmy. Un nouveau tour, puis un autre et un autre, toujours avec Jimmy à la traîne derrière lui.

The cake looped around the house while Jimmy trailed behind it. Another round and another and another, and still Jimmy followed.

Jusqu'à ce qu'il soit à bout de souffle. Épuisé, Jimmy s'assit à l'entrée de la maison et se mit à pleurer.
Until he had run out of breath. Tired, Jimmy sat down at the entrance of the house and started crying.

Au même moment, deux de ses amis passaient par là.
At the same moment, two of his friends were passing by.

– Salut, Jimmy, le saluèrent-ils. Pourquoi t'es assis là, l'air si triste ? Viens jouer avec nous.
"Hey, Jimmy," they greeted. "Why are you sitting here looking so sad? Come play with us."

– Oui, avec plaisir ! dit Jimmy en accourant vers eux. Vous ne croirez jamais ce qui m'est arrivé aujourd'hui !

"Yes, I'd like that!" Jimmy ran towards them. "You won't believe what happened to me today!"

Mais, alors qu'il ouvrait la bouche, les amis crièrent:

But, as he opened his mouth, the friends shouted,

– Beurk, quelle puanteur ! On va aller jouer ailleurs pendant que tu te brosses les dents !
Sur ce, ils s'enfuirent.

"Yikes, what a stink! We'll go play somewhere else while you go brush your teeth!" With that, they ran away.

Une fois de plus, Jimmy éclata en sanglots et rentra dans la maison.

Bursting into tears yet again, Jimmy entered the house.

Il alla dans la salle de bain et vit la brosse à dents magique voler dans les airs, lui souriant gentiment.
– Bonjour, Jimmy. Je t'attendais. Tu veux te brosser les dents maintenant ?

He went to the bathroom and saw the magical toothbrush flying in the air, smiling kindly at him. "Hello, Jimmy. I've been waiting for you. Do you want to brush your teeth now?"

Jimmy entreprit de se brosser les dents, de gauche à droite, de haut en bas, devant et derrière. Il se les brossa jusqu'à ce qu'elles soient blanches et étincelantes.

Jimmy started brushing his teeth, from one side to the other, top and bottom, front and back. He brushed them until they became white and shiny.

Contemplant fièrement son reflet dans le miroir, Jimmy dit :
– Merci, la brosse. En fait, c'était amusant et agréable de me brosser les dents.

Gazing proudly at his reflection in the mirror, Jimmy said, "Thank you, brush. It was even nice and pleasant to brush my teeth."

– Tu es superbe, dit la brosse. Au fait, je m'appelle Leah. Je serai toujours là pour t'aider.

"You look great," said the brush. "By the way, my name is Leah. I'm always here to help."

Et c'est ainsi que Jimmy et Leah devinrent de grands amis. Depuis ce jour, ils se voient deux fois par jour pour protéger les dents de Jimmy et les aider à devenir fortes et saines.

That's how Jimmy and Leah became good friends. Ever since that day, they've seen each other twice a day to protect Jimmy's teeth and help them grow strong and healthy.